L'ÉMISSION DES OBLIGATIONS

ET LA GARANTIE

DES OBLIGATAIRES

PAR

S. VAINBERG

DOCTEUR EN DROIT, AVOCAT A LA COUR DE PARIS

PARIS

ERNEST LEROUX, ÉDITEUR

28, RUE BONAPARTE, 28

1878

L'ÉMISSION DES OBLIGATIONS

ET LA GARANTIE

DES OBLIGATAIRES

I

Les valeurs mobilières ou industrielles forment aujourd'hui la partie la plus importante de notre fortune publique. Elles sont spécialement représentées par les titres d'actions ou d'obligations émis par les sociétés commerciales ou civiles.

Les premières sont des fractions d'intérêt ou des parts dans l'actif de la société ; elles donnent droit au partage des bénéfices, mais en imposant aussi la charge des pertes subies.

L'obligation au contraire est limitée dans la participation des bénéfices, elle est un simple titre de créance contre la société, pour les emprunts contractés ; elle est seulement susceptible d'un intérêt fixe, et doit par conséquent être remboursée avant tout partage de dividende.

Son origine est moins ancienne que celle des actions. Dans les premières sociétés civiles ou commerciales, le capital social était exclusivement constitué par les sociétaires. Plus tard, avec le développement des grandes entreprises, elles éprouvèrent la nécessité de contracter, comme les particuliers, des emprunts temporaires. Cette opération avait un double avantage :

celui d'abord de ne pas exposer les premiers actionnaires à une augmentation du capital social, dont le résultat pouvait diminuer considérablement toutes les prévisions de bénéfices, et celui enfin d'offrir au capitaliste un placement garanti avec la certitude d'un remboursement à une époque déterminée.

L'initiative de ce système financier fut prise du reste par l'État lui-même ; les départements et les grandes villes ne tardèrent pas à l'employer avec l'autorisation légale. Et si, au commencement, les sociétés formées par les particuliers trouvaient difficilement le même crédit que le public avait accordé à l'État ou aux communes, il y avait déjà dans ce fait une indication suffisante d'un mode d'emprunt pour les grandes sociétés industrielles.

Les compagnies fondées sous le contrôle du gouvernement, et qui avaient obtenu, par une disposition législative, les concessions des grandes voies ferrées, ne tardèrent pas à recourir à cette opération ; enfin un nouveau développement des obligations se produisit avec la création du Crédit foncier. Une fois ce droit de cité reconnu, le système d'obligations prit une telle extension qu'il devint l'opération corollaire de toute Société industrielle.

Grâce au crédit dont jouissent nos obligations des villes et celles des grandes compagnies de chemins de fer, cette valeur, émise par une société quelconque, a la confiance du public et est aveuglément acceptée. Le motif de cette confiance est du reste très-facile à comprendre : les obligations sont un titre de créance, et, comme tel, il est garanti par le capital versé des actions souscrites.

II

Il est incontestable que le système d'obligations a puissamment contribué à la richesse nationale, par la facilité qu'il procurait au public de placer, d'une manière aussi certaine que possible, son épargne. Mais de cette facilité même résultait le danger de l'abus. Les sociétés se multiplièrent et leur constitution plus ou moins sérieuse faisait luire devant le public naïf une garantie illusoire.

Les sociétés anonymes trouvèrent même plus avantageux de spéculer avec le capital des obligations, sans exposer le capital de leurs actions souscrites. Cet abus a surtout dégénéré depuis la loi sur les chemins de fer d'intérêt local du 12 juillet 1865. Du haut de la tribune parlementaire, le ministre des travaux publics a stigmatisé, par des paroles plus justes que sévères, ces opérations déloyales.

Nous n'avons pas à discuter ici la loi sur les chemins de fer d'intérêt local qui, malgré ses abus, a rendu de très-grands services, en augmentant d'une manière assez sensible nos voies de communication. Mais ce que nous avons à dénoncer, c'est que, sous les apparences d'un intérêt général, sept personnes forment une société anonyme dont le prétexte est l'entreprise d'un chemin de fer quelconque, mais qui en réalité n'ont d'autre but que de se livrer à des spéculations de bourse qui leur assurent un bénéfice certain.

L'opération reste toujours la même dans ces sortes d'entreprises. Sept personnes constituent une société anonyme avec un capital-actions déterminé par les statuts. Ces actions sont ordinairement syndiquées, c'est-à-dire que ces titres émis restent à la souche, pour qu'aucun des propriétaires ne puisse y toucher, pour les mettre en circulation. Ces actions une fois syndiquées, les sept membres décident d'émettre des obligations, et comme ils sont les organisateurs de l'opération, ils restent conséquemment ainsi les maîtres absolus.

Les obligataires seuls, fournissant le capital nécessaire, n'ont aucun contrôle, aucune surveillance sur l'emploi de leurs deniers, car ils sont exclus de la direction. L'habileté et la finesse ne manquent certainement pas pour faire réussir l'émission de ces titres. Ils ne sont, bien entendu, jamais placés dans le pays où le chemin de fer d'intérêt local doit être construit, car là les risques de l'entreprise sont trop connus ; c'est dans une autre région qu'une de ces maisons d'émissions, peu scrupuleuses, les font accepter à grand renfort d'annonce et de publicité.

Le bénéfice que cette compagnie cherche n'est nullement dans l'exécution des travaux, mais simplement dans l'exploitation du titre d'obligations des chemins de fer. Cette manœuvre est désastreuse, non-seulement pour la vitalité du chemin de fer construit, mais aussi pour le crédit public, en affaiblissant la confiance dont les grandes entreprises réelles ont toujours besoin. Le grand danger est que toutes ces compagnies, au lieu d'être industrielles ou commerciales, ne sont que des Sociétés financières à cause de la trop grande facilité d'émission.

Le but principal, celui de la construction ou de l'exploitation du chemin de fer, est complétement abandonné, c'est surtout la spéculation des titres que l'on cherche à organiser. Malheureusement, cette combinaison ne se fait qu'au préjudice des travailleurs des villes ou des campagnes, de ces pauvres gens peu aisés et crédules qui ont économisé à grand'peine une pièce d'or, et qui placent de préférence leurs épargnes sur les obligations à cause de la valeur attribuée à ces titres par le crédit des grandes compagnies ou de l'État, sans faire une distinction entre celles dont le revenu est garanti par des actions réellement versées et par des produits réellement constatés, et celles qui n'offrent aucune garantie parcequ'aucune somme n'a été versée par les actionnaires.

Dans un très-grand-nombre de cas, les sociétés anonymes formées pour la construction d'un chemin de fer sont rarement constituées avec un capital-actions effectivement versé, ou bien, si le versement a eu lieu, on sait aussi habilement le reprendre au moyen du bénéfice des traités conclus pour l'exécution des travaux. Cette combinaison lucrative s'opère dans le silence d'une délibération secrète. Les sept membres, les seuls actionnaires de la société et qui forment aussi son conseil d'administration, traitent directement de l'exécution des travaux avec un entrepreneur de leur choix et font avec lui tel marché qui leur convient.

Ce traité est extrêmement simple. Le conseil d'administration, qui a syndiqué toutes les actions parmi ses membres et qui, par conséquent, forme à lui seul l'assemblée générale, s'autorise de se réserver une part dans le bénéfice des marchés, et la majoration donnée à ce marché leur permet de rentrer dans la partie du capital qu'ils ont versée. Les obligataires seuls fournissent par ce moyen le capital de construction. Les actionnaires ont donc sauvegardé leurs intérêts, car ils ne sont plus exposés à aucune perte.

Ce procédé est déjà très-perfectionné. Mais, dans les autres sociétés anonymes, il est encore plus édifiant.

Une ou plusieurs personnes, qui ont obtenu du gouvernement, par exemple, la concession d'une mine trouvent beaucoup plus simple de ne pas même recourir à ce moyen de majoration. Elles se contentent dès le début de constituer une société anonyme fondée sur des actions entièrement libérées, c'est-à-dire sur lesquelles on n'a fait aucun versement en faisant l'apport de la concession et souvent même les dettes contractées pour l'obtenir. Il est superflu de dire que le conseil d'administration, composé de concessionnaires, fixe à son gré la valeur de cette concession.

La société une fois constituée, l'assemblée générale, c'est-à-dire les propriétaires des actions libérées, décide d'émettre des obligations en offrant aux obligataires comme garantie la concession obtenue et les dettes qui la grèvent. L'exploitation de la mine se fait donc, non-seulement avec le capital-obligations, mais les actionnaires qui n'ont absolument rien versé acquittent même leur propre dette et font encore un bénéfice assez considérable sur les cours des obligations émises. Une telle situation ne pouvait pas légalement être longtemps tolérée.

La loi du 24 juillet 1876 avait seulement pris des mesures contre l'émission fictive des actions, sans soumettre aux mêmes conditions les obligations. La liberté de l'émission de ces titres n'a pas tardé à démontrer le danger. Les différentes sociétés ont trop abusé de cette facilité de contracter des dettes, pour que le gouvernement ne se soit cru obligé d'intervenir là où son consentement, pour la constitution d'une société anonyme, était nécessaire. Ainsi pour les concessions des chemins de fer, des dispositions particulières sont habituellement insérées dans les lois ou décrets de concessions, relatives aux obligations.

Le conseil d'État se basant sur l'art. 2 de la loi du 12 juillet 1865, lequel attribue au gouvernement le droit d'autoriser l'exécution des travaux, n'a pas hésité à imposer, par ces décrets déclaratifs d'utilité publique, des conditions financières. D'après la jurisprudence adoptée, il ne peut, en aucun cas, être émis d'obligations pour une somme supérieure au montant du capital-actions. L'émission du reste ne peut être autorisée avant que les quatre cinquièmes du capital-actions aient été versés et employés pour achat de terrains, travaux, approvisionnements sur place ou enfin en dépôt de cautionnement.

Cette mesure partielle a rendu nécessaire une loi générale, d'abord parce que les compagnies des chemins de fer ne sont pas les seules qui peuvent se livrer à des émissions abusives d'obligations, et, en second lieu, parce que le droit commun offre toujours une plus grande autorité que les précautions arbitrairement prises par la voie administrative. La fixité de la loi est préférable à l'élasticité d'une décision bureaucratique et le gouvernement se trouverait, par ce moyen, déchargé d'une mission délicate et d'une responsabilité d'autant plus lourde que, pour braver les récriminations intéressées, il ne se sent pas toujours appuyé par l'opinion publique.

III

La plupart des législations étrangères n'ont pas hésité à recourir à ce dernier système. Elles ont préféré une réglementation générale à une décision particulière. La loi belge, la plus récente puisqu'elle n'a été votée que le 18 mars 1873, interdit l'émission d'obligations pour une somme supérieure au capital versé. M. Bara, l'ancien ministre, pour justifier cette disposition législative, l'a motivée du haut de la tribune de la Chambre des représentants de Belgique avec les paroles suivantes :

« En cette matière nous avons parfaitement le droit d'édicter tout ce qui est nécessaire pour satisfaire aux besoins sociaux.
« Nous ne pouvons pas méconnaître cette vérité que souvent
« la société anonyme est une chose anormale et peu conforme
« aux principes. Ainsi, dans la Société anonyme, on suppose
« un capital-actions et il en est dont le capital-actions se
« réduit à rien ; dès lors il faut garantir les obligataires qui
« ont fait le vrai capital. »

En dénonçant les abus trop fréquents dans les compagnies des chemins de fer, il continuait :

« Il y a beaucoup de sociétés et il y en aura beaucoup encore, dans lesquelles les obligataires ont et auront des intérêts beaucoup plus considérables que les actionnaires. Il y a des sociétés où les administrateurs ont toutes les actions sur lesquelles il a été très peu versé ou qu'on a rachetées presque pour rien, et où le capital réel est constitué par les obligataires. Dans ces sociétés les obligataires sont les véritables et presque les seuls intéressés.

« Pour la plupart des compagnies de chemins de fer, depuis un grand nombre d'années, les choses se passent ainsi ; les actions ne sont en réalité que du papier qui se trouve entre les mains des administrateurs. C'est parfaitement connu. C'est un abus, mais c'est un fait et nous tâchons d'y remédier. » Ce remède, la loi belge l'a consacré dans l'art. 68 sur les sociétés et qui édicte que « le montant des obligations émises par une société anonyme ne peut en aucun cas être supérieur au capital versé. »

En Angleterre, l'art. 152 du règlement de la Chambre des lords (*Standing Order*) dispose qu'aucune compagnie de chemins de fer ne pourra être autorisée par l'acte de concession à émettre des emprunts ou à donner hypothèque (*Loan or Mortgage*) pour une somme supérieure au tiers du capital social, avant le versement préalable de la moitié du capital.

Le règlement de la Chambre des communes contient les mêmes dispositions, en réservant cependant aux comités la faculté d'établir dans leur rapport qu'il y a des motifs de dépense partielle ou totale en faveur des compagnies demanderesses.

En Prusse, la loi du 3 novembre 1838 sur les chemins de fer est encore aujourd'hui en vigueur. Une loi récente oblige seulement le ministre du commerce à prendre l'avis d'un conseil des chemins de fer. En principe, le capital social doit suffire à l'exécution de l'entreprise. Le ministre du commerce ne peut autoriser une augmentation du capital ou une émission d'emprunt que pour une extension ou la pose d'une seconde voie. Il fixe dans ce cas les conditions de l'émission, après avoir bien étudié les garanties offertes.

En Espagne, la loi du 10 juillet 1856 fixait la limite des émissions d'obligations à 50 0/0 du capital réalisé en actions. Le *Real Orden* du 11 juillet 1860 élevait cette limite de la moitié à la totalité du capital-actions, augmenté des subventions versées, soit par le gouvernement, soit par les provinces, soit par les municipalités d'après une décision administrative. Les compagnies sont aussi autorisées à considérer comme subvention les sommes représentant les entrées en franchise de douane de leur matériel. La loi du 29 janvier 1862 a enfin fait varier la limite suivant le taux d'intérêt des obligations à émettre, de manière que le capital nominal réalisable par voie d'emprunt augmente à mesure que le taux s'abaisse.

En Amérique, l'émission des obligations est confiée à des corporations ou compagnies spéciales appelées *Trust Companies*. Chacune des grandes villes de la fédération possède deux ou trois *trust companies*. Ce sont elles qui se chargent de traiter avec les compagnies de chemins de fer de prendre hypothèque sur la voie et les terrains, de recevoir les fonds versés par les porteurs d'obligations et de les remettre à la compagnie du chemin de fer conformément aux stipulations du contrat. La *trust companie* a en outre le droit de s'assurer auprès de la compagnie du chemin de fer, surtout pendant la période de construction, que l'emploi des fonds provenant de l'emprunt hypothécaire se fait conformément aux prévisions du contrat, et même de retenir les sommes versées par les obligataires, jusqu'à ce qu'il leur ait été certifié, par des ingénieurs à son choix, qu'une quantité correspondante de travaux a été effectuée.

En France, l'émission des obligations est complétement libre. Les actionnaires ont, d'après notre législation, toutes les facilités de pouvoir réaliser, avec des capitaux empruntés, des entreprises dont le bénéfice leur est assuré sans s'exposer à aucune perte. La loi du 24 juillet 1867 a établi seulement des garanties contre l'émission fictive des actions, en déclarant que toute société anonyme ne pourra être constituée sans un acte social, c'est-à-dire sans statuts, lesquels doivent fixer le chiffre des actions représentant le capital de la société. Il est même interdit en général d'augmenter le fonds social sans le consentement unanime des participants, excepté si, par une clause spéciale des statuts, cette augmentation est attribuée à une majorité de l'assemblée générale. La loi exige encore pour la constitution définitive de la société, que le chiffre des actions, fixé par les statuts, soit intégralement souscrit et le quart du capital versé. Les actions ne peuvent en outre devenir au porteur qu'après le versement de la moitié et après un délai de deux ans.

Rien de semblable pour les obligations; la loi de 1867 n'a rien édicté sur elles. Elle a abandonné ainsi au bon plaisir des sociétés le droit de conclure des dettes sans exiger de garanties; elle a, en d'autres termes, invité en quelque sorte les spéculateurs à délaisser les actions pour les obligations. La double garantie que la loi avait surtout pour but d'établir, c'était la souscription intégrale d'un capital sérieux et la vérification des apports, laquelle a pu par ce moyen être éludée et faire ainsi revivre ces sociétés factices, mort-nées, sans aucune consistance sérieuse et d'un véritable danger pour l'épargne publique. Les abus sont encore trop fréquents, et la nécessité d'une réforme trop évidente pour pouvoir encore ajourner la modification de la loi.

IV

Plusieurs jurisconsultes et publicistes ont proposé différents projets pour mettre un terme à ces abus et pour sauvegarder en même temps les intérêts des créanciers.

Il n'est pas sans intérêt de les connaître.

M. Griollet, maître des requêtes honoraire au conseil d'État et administrateur du chemin de fer du Nord, propose d'abord de fixer un maximum d'émission mesuré sur le capital versé, et pour assurer aux porteurs d'obligations un gage sérieux, il est d'avis que toute société qui voudrait émettre des obligations, devrait d'abord demander au président du tribunal de commerce la nomination d'un syndic ou commissaire ou d'un tout autre personnage officiel, pour représenter les porteurs d'obligations de la même manière que le syndic de la faillite et le liquidateur représentent la masse des créanciers. Ces syndics ou commissaires des porteurs d'obligations devront, d'après M. Griollet, être choisis parmi les personnes qui sont ordinairement désignées comme syndic de faillite, parce qu'ils offrent des garanties très-sérieuses.

Leur rôle consisterait à vérifier si la société est régulièrement constituée ; si le capital prescrit par la loi a été versé et employé. Ils auraient le pouvoir de signer les titres et de surveiller enfin, après l'émission, l'emploi des fonds. A cet effet, ils pourront exiger que les fonds soient versés dans la caisse d'un établissement choisi par eux d'accord avec la société ou désigné par le tribunal de commerce, pour n'en être retirés qu'avec leur consentement.

« Les obligations des sociétés anonymes, dit M. Griollet, « émises dans ces conditions, pourront conserver la confiance « du public et constitueront, comme elles doivent l'être, des « titres offrant plus de garantie que les actions. »

M. Griollet voudrait enfin encore donner aux porteurs d'obligations un certain droit de préférence sur l'actif de la société tout au moins à l'encontre des créanciers chirographaires.

Le système de ce savant jurisconsulte a cet avantage de préciser l'étendue des pouvoirs d'une société anonyme envers les créanciers. Le rapport qui doit exister entre le capital-actions et le capital-obligations, c'est-à-dire le maximum d'émission, est certainement aussi juste qu'équitable. Il en est de même de la garantie spéciale exigée pour les obligataires ; mais en ce qui concerne la nomination par le tribunal de commerce d'un personnage officiel, cela me paraît bien dangereux.

Le syndic ainsi nommé, par crainte de l'écrasante responsabilité qui pèserait sur lui, voudrait tout voir, tout faire et par conséquent tout empêcher ; il tendrait évidemment à se substituer aux administrateurs pour devenir le véritable gérant de la société ; son ingérence serait aussi inquisitoriale que tracassière. La nomination d'un syndic pourrait du reste encore avoir l'inconvénient d'engager, sinon la responsabilité administrative, mais ce qui est encore plus grave, la responsabilité de la justice.

La loi de 1867, en accordant la complète liberté dans la constitution des sociétés, avait précisément pour but de se soustraire à cette responsabilité et de laisser à chacun la liberté de s'engager sous ses risques et périls dans telle société qui lui inspire plus de confiance.

Avec le système de M. Griollet, il n'y a peut-être pas protection directe de l'administration, mais dans tous les cas, il y a une reconnaissance judiciaire de la légitimité de l'emprunt. Une émission faite avec le consentement ou plutôt sous la surveillance de l'autorité judiciaire a incontestablement la certitude d'être couverte, fût-elle même complétement inutile. Le public, sachant que l'émission se fait sous les auspices d'un tribunal de commerce, acceptera aveuglément toutes les réclames de la société et au lieu de surveiller lui-même le placement de ses épargnes, comme cela se pratique aujourd'hui, il abandonnera facilement ses investigations à l'autorité qui s'est chargée de les pratiquer. Le danger de ce système est donc beaucoup plus grand que l'avantage qu'il peut produire et c'est pourquoi nous le considérons comme inacceptable.

M. Neymarck, le directeur du *Rentier*, une autorité dans les questions financières, paraît vouloir attribuer la surveillance de l'émission des obligations à un conseil supérieur des finances, dont la nécessité se fait impérieusement sentir et qu'il désire voir constituer auprès du ministère des finances, pour traiter et délibérer sur toutes les questions financières importantes.

L'idée de M. Neymarck, en ce qui concerne l'institution d'un conseil supérieur des finances, me paraît combler non-seulement une lacune dans notre organisme administratif, mais faciliter aussi la réforme dont notre système financier a tant besoin. Confier cependant à ce conseil la surveillance de l'émission me semble décréter l'ingérence de l'autorité administrative dans les questions de société, ce que la loi de 1867 voulait précisément abroger. Le danger de ce système est beaucoup plus grand que celui de M. Griollet.

La protection de l'État dans les conventions privées doit être aussi limitée que possible; la liberté absolue des transactions est la meilleure garantie contre une exploitation malhonnête. L'initiative privée n'est pas seulement un levier pour le développement de la concurrence, elle est aussi le moyen le plus efficace de la circonspection. Faciliter autant que possible la défense des intérêts individuels par la force collective, c'est là que doit se borner le rôle de l'État. La substitution de l'autorité administrative à toute entreprise privée est dangereuse et nuisible, c'est pourquoi la surveillance d'un conseil supérieur des finances nous paraît contraire à tous nos intérêts économiques.

M. Jozon, l'érudit avocat à la Cour de cassation, estime que la meilleure manière de réaliser pratiquement la protection des obligataires, c'est d'introduire une disposition législative dans notre loi sur les sociétés, d'après laquelle aucune société ne pourra émettre d'obligations que proportionnellement à son actif social ou à son capital-actions non-seulement souscrit, mais réalisé.

« A cette disposition, continue M. Jozon, il conviendrait « d'en ajouter une autre et de rendre les administrateurs de « la société responsables envers les obligataires pour le cas « où la disposition précédente n'aurait pas été observée. »

Cette responsabilité personnelle des administrateurs envers les obligataires dans le cas où le capital social n'aurait pas été régulièrement souscrit et versé nous paraît complétement inefficace. En effet, si la loi prescrivait la réalisation d'un capital social avant toute émission d'obligations, cette responsabilité serait la conséquence logique et nécessaire de la transgression de cette disposition; du reste, la législation actuelle donne déjà à peu près une garantie analogue.

Malheureusement, l'expérience a trop démontré la facilité d'éluder toute disposition législative qui atteint les administrateurs; il suffit de donner le titre et les fonctions apparentes d'administrateur à des personnes autres que celles qui ont la majeure partie des actions et qui gouvernent réellement la société.

On n'est déjà que trop porté à user des hommes de paille et à appeler dans les conseils d'administration des personnes qui sont plus propres à séduire le public par leurs titres et leurs qualités qu'à lui donner des garanties effectives sur leur fortune ou sur leurs talents. Le système de M. Jozon n'offre pas suffisamment de garanties pour protéger d'une manière efficace les intérêts des obligataires.

M. Vavasseur, le savant commentateur de nos lois sur les sociétés, propose un projet complet de dispositions législatives concernant l'émission des obligations. Il peut se résumer de la manière suivante :

« Aucune société ne pourra émettre des obligations avant
« la libération complète de ses actions. — Toute émission
« est subordonnée à la ratification des souscripteurs réunis
« en assemblée générale. — Les commissaires nommés par
« l'assemblée sont chargés de faire un rapport sur l'emploi
« des fonds prêtés. — Ils ont le droit d'assister avec voix
« consultative à toutes les assemblées générales des action-
« naires. — La durée de leur mandat est fixée par la réunion
« des obligataires. »

Le procédé de M. Vavasseur se rapproche par certains côtés de celui des Trust Companies américains sans offrir cependant la même garantie et la même sécurité. Il est certain que si les assemblées générales des porteurs d'obligations étaient composées réellement des obligataires, le résultat serait aussi sérieux qu'efficace. Mais il est plus que probable que la première réunion des porteurs d'obligations sera uniquement composée des banquiers chargés de placer ces titres. Dans ce cas, on n'aura qu'une vérification illusoire comme il arrive trop souvent aujourd'hui par l'évaluation des apports.

La sécurité des obligations doit donc être recherchée dans un ensemble de dispositions; il nous paraît impossible de sauvegarder les intérêts des créanciers par un système absolu.

Il ne faut pas oublier que, d'après notre loi de 1867, la société anonyme acquiert sa personnalité distincte par la volonté seule des parties sans l'intervention de l'État. Donc toute mesure qui mettra une entrave à sa liberté d'action n'est pas seulement contraire à la loi, mais aussi à nos intérêts économiques, puisque le législateur l'a consacré et préféré au système de l'autorisation.

La vigilance privée nous paraît encore le meilleur système de sauvegarder les intérêts communs. C'est elle que nous devons développer en lui facilitant les moyens d'investigation et de contrôle. Les législations étrangères nous offrent assez d'enseignements pour pouvoir formuler nos dispositions législatives.

Une prescription, exigeant une certaine proportion entre les émissions d'obligations et le capital versé, nous paraît indispensable. Nous pouvons adopter sans aucun inconvénient le principe consacré par la loi belge, par laquelle « le montant des obligations émises par une société anonyme ne peut en aucun cas être supérieur au capital versé. »

On a objecté, avec une apparence de raison, que ce maximum d'émission, malgré sa probabilité d'exactitude, ne sera qu'arbitraire, injuste et inefficace; car, si une société a fait des pertes, où est son capital versé? Si, au contraire, elle a augmenté son avoir, soit par des réserves considérables, soit par des plus-values sur ses immeubles, ce maximum du capital versé ne sera-t-il pas insuffisant et même une atteinte à la liberté des conventions?

Par ce moyen, on court risque ou bien d'exagérer les apports ou bien, et c'est ce qui arrivera le plus souvent, on cherchera à éluder cette prescription. Les ruses des spéculateurs sont infinies, et l'on peut être assuré qu'ils parviendront à tourner l'obstacle. Les Loyds-bonds en Angleterre n'ont-ils pas assez confirmé cette maxime de la comédie: « Je tourne la loi, donc je la respecte. » Et n'ont-ils pas assez prouvé qu'une disposition analogue peut très-facilement être éludée. A cette objection il est facile de répondre.

Il est évident que notre disposition ne peut pas garantir d'une manière absolue les obligataires contre la perte de leur capital versé. Notre but, du reste, ne peut être d'établir un système absolu, mais nous soutenons que cette clause offre la certitude que les actionnaires seront victimes des pertes comme les obligataires, ou plutôt avant eux ou au moins autant qu'eux. La garantie est donc assez sérieuse.

L'intérêt des actionnaires sauvegardera l'intérêt des obligataires contre les risques de ces opérations aventureuses que les sociétés sans capital-actions n'hésitent jamais d'entreprendre, parce que les bénéfices, si l'on en réalise, sont pour les actionnaires et les pertes exclusivement pour les obligataires. Les actionnaires astreints aux pertes seront moins téméraires qu'ils le sont aujourd'hui en n'y participant pas.

Éluder les prescriptions de la loi ne sera pas toujours si facile, ce sera l'exception; en règle générale, la loi sera observée, parce qu'il serait à la fois malaisé et dangereux de s'y soustraire, et elle produira de bons et utiles effets. Notre loi, nous le répétons, ne peut pas avoir la prétention de prévenir toute fraude; si nous mettons une entrave au plus grand nombre, nous devons nous en estimer satisfaits.

Comme conséquence nécessaire de notre première disposition, découle nécessairement la prescription : « Qu'aucune « émission d'obligations ou tout autre titre de créance, ne doit « avoir lieu avant la libération complète des actions. »

On ne saurait en effet admettre que les actionnaires recourent à l'emprunt lorsqu'eux-mêmes sont encore débiteurs. La première condition, pour une société qui veut emprunter, dit avec une haute raison M. Vavasseur : « c'est d'avoir « employé son propre capital. Le but des actionnaires ne « doit pas être de conserver le plus de bénéfice avec le moin- « dre capital possible, car il y a quelque chose de léonin « à rejeter les risques sur le prêteur, en gardant pour soi les « dividendes. »

La loi devra encore accorder aux obligataires, sinon une garantie spéciale, au moins un droit de préférence aux premières émissions sur les suivantes. Une garantie spéciale est en vérité impossible, car elle peut résulter seulement en vertu d'une hypothèque ou d'un privilége. A l'hypothèque, il est impossible de recourir, car toutes les sociétés ne possèdent pas d'immeubles, puisque les compagnies de chemins de fer mêmes n'ont, d'après notre jurisprudence établie, qu'une propriété purement mobilière.

Un privilége est juridiquement impossible; d abord parce que le privilége doit dériver, d'après notre droit, de la nature intime de la créance, et ensuite, parce que, dans la pratique, il pourra donner lieu à une criante injustice.

Il ne faut pas oublier qu'à côté des obligataires privilégiés absorbant l'actif social, il pourra y avoir des entrepreneurs, des fournisseurs non payés et subissant une perte injustifiable.

Un de nos plus distingués économistes, M. Leroy-Beaulieu, a proposé, en cas d'émissions successives pour la construction de plusieurs lignes de chemins de fer par la même compagnie, d'affecter les produits de chaque ligne aux obligations qui auraient servi à la construire.

Le système a non-seulement l'inconvénient de s'appliquer exclusivement aux compagnies de chemins de fer, tandis qu'une loi devra s'appliquer aussi aux sociétés industrielles et commerciales; mais, même pour ces Compagnies, il aura le désavantage de les diviser en quelque sorte en plusieurs sociétés.

L'idée de M. Vavasseur nous paraît plus juste et plus équitable, il l'a ainsi formulée :

« En cas d'émissions successives d'obligations, un droit de « préférence appartient aux premières émissions, tant pour « les intérêts que pour le capital, à moins de réserves contrai- « res par l'emprunteur. »

Par ce moyen, tous les intérêts sont conciliés. La liberté des conventions est respectée, en réservant à la société la faculté de stipuler une condition contraire. Les intérêts des obligataires sont sauvegardés, puisqu'on leur accorde un droit de préférence par ordre de date. Toutes ces dispositions devront enfin être rendues efficaces par un contrôle sérieux accordé aux obligataires.

L'intervention de l'État, il faut l'avouer, même par voie législative, nous paraît peu rationnelle. Nous aimerions certainement mieux voir ce contrôle exercé par l'initiative individuelle; nous croyons que si le public avait l'énergie d'exiger la constitution de ces sociétés américaines connues sous le nom de *trustes,* et dont le but est de surveiller l'émission et l'emploi du capital-obligations, la liberté d'action, aussi bien que la garantie, serait plus grande et plus efficace.

Malheureusement, un tel moyen n'est pas facile à établir.

Les dispositions législatives concernant ce point devront donc se borner à encourager la création de telles sociétés, en leur facilitant non-seulement leur existence, mais en leur accordant aussi l'autorité nécessaire pour la responsabilité qu'elles encourent.

Pour la loi qui nous occupe en ce moment, nous cherchons la conciliation entre la liberté individuelle et la garantie qu'on est en droit d'exiger de l'État. Une trop grande surveillance administrative peut détruire toute initiative personnelle, et un trop grand laisser-aller ou laisser-faire peut devenir menaçant pour la sûreté publique. La loi doit être le juste milieu entre ces deux termes : elle doit respecter la liberté individuelle, tout en sauvegardant l'intérêt public.

L'opinion que j'expose résout, selon moi, avantageusement ce problème. Les compagnies d'émissions chargées par les Sociétés anonymes d'émettre des obligations ayant une existence reconnue par leur honorabilité, deviendraient bientôt les véritables surveillantes de l'épargne publique. Et cela, pour une bonne et simple raison, qui consiste dans la nature de leur propre intérêt : la loyauté seule pourra maintenir et augmenter leur clientèle.

La compagnie ou la banque chargée par la Société anonyme d'émettre pour son compte des obligations ne pourra le faire qu'après avoir certifié que la société est légalement constituée et que toutes ses actions sont entièrement libérées. Elle devient, pour toute négligence de vérification, personnellement responsable vis-à-vis des obligataires, sans cependant annihiler, pour cela, la responsabilité de la société contractant la dette.

Il est vrai que la banque d'émission, servant d'intermédiaire entre les actionnaires et les obligataires, sera surtout la personne de confiance des premiers ; mais cet inconvénient est amoindri par la force de la surveillance que les obligataires exerceront vis-à-vis d'elle. Chaque obligataire, avant de souscrire à l'emprunt, regardera si cette banque lui inspire assez de confiance pour la charger de l'emploi de ses fonds. La vigilance individuelle, comme on le voit par ce système, n'est nullement détruite ; elle est, au contraire, augmentée, en ajoutant encore la responsabilité d'une institution financière qui, par la force des choses, jouira d'une grande considération.

L'émission faite, la banque intermédiaire ne pourra délivrer aucune partie de la somme versée à la société anonyme, sans avoir préalablement fait approuver sa conduite par une assemblée générale des obligataires, Dans cette réunion, on procédera aussi à la nomination des commissaires qui, d'accord avec la banque d'émission, surveilleront l'emploi des fonds par la société débitrice. Ils rendront chaque année compte de leur conduite à une assemblée générale des obligataires.

La banque d'émission peut, en vertu d'une décision de l'assemblée générale des obligataires, être déchargée de la surveillance de l'emploi des fonds. Elle peut même, malgré l'opposition des actionnaires, désigner une autre institution pour continuer cette surveillance.

Nous reconnaissons que cette ingérence peut devenir, pour les premiers temps, très-onéreuse pour les actionnaires; mais c'est la pratique seule qui pourra limiter les rapports des parties respectives. Ce qu'il faut donner aux obligataires, ce n'est pas une curatelle administrative, mais simplement des moyens de se protéger eux-mêmes. Il suffit, d'après notre avis, de faire disparaître toutes les causes du préjudice auquel ils sont aujourd'hui exposés sans aucune défense, en leur facilitant la voie de se rendre compte des garanties offertes et d'éviter, s'ils sont avisés, de tomber dans les piéges de réclame.

Dans les premiers temps, certes, notre loi ne produira pas grand effet, mais nous avons la profonde conviction que notre loyauté bien connue dans les transactions ne sera pas moins grande que celle de l'Amérique, et les compagnies d'émission, nos *trustes,* fonctionneront avec la même garantie que celles du Nouveau-Monde.

Le système que nous voudrions voir adopter est celui de la liberté, mais en même temps garantie par la responsabilité de la société anonyme et par la responsabilité de la banque d'émission, corroborées par une surveillance continuelle des intéressés, c'est-à-dire des obligataires.

La banque d'émission sera responsable, vis-à-vis des obligataires, pour toute omission de vérification exigée par nos dispositions précédentes, et pour négligence de surveillance sur l'emploi des sommes empruntées par la société anonyme.

Les obligataires auront le droit de surveiller, d'approuver ou de récuser la conduite de cette banque d'émission, par ses commissaires et par ses assemblées générales.

Le système que nous avons exposé pourra se résumer dans les dispositions suivantes :

« Aucune société ne pourra émettre des obligations sans « avoir préalablement désigné une institution financière qui « sera chargée de procéder à l'émission des obligations. Elle « servira d'intermédiaire entre la société contractant l'em- « prunt et les obligataires.

« Avant l'émission, la banque chargée de cette opération est « obligée de vérifier si la société contractant la dette est léga- « lement constituée, et si toutes les actions souscrites ont été « libérées. Elle est responsable pour toute omission ou négli- « gence dans cette vérification.

« La banque d'émission, après la souscription des obliga- « tions, est obligée, avant de délivrer aux actionnaires la to- « talité ou une partie des sommes souscrites, de faire approu- « ver sa conduite par une assemblée générale des obligataires « qui devrait être réunie par ses soins, au plus tard, un mois « après la clôture de la souscription. Cette assemblée générale « des porteurs devra être représentée, au moins, par un cin- « quième du capital émis ; elle a pour but, outre la ratification « de la conduite de la banque d'émission, la nomination des « commissaires qui devront concourir, avec la banque d'émis- « sion, à la surveillance de l'emploi des fonds versés par les « obligataires.

« Les commissaires et un représentant de la banque as- « sistent, avec voix consultative, à toutes les assemblées gé- « nérales des actionnaires.

« Il est tenu, tous les ans, au moins une assemblée générale « des obligataires, pour entendre le rapport des commis- « saires. Elle approuve ou rejette les conclusions, nomme les « nouveaux commissaires ou prolonge la durée des anciens. « Elle peut, malgré l'opposition des actionnaires, désigner « une autre institution qui sera chargée, avec les commis- « saires, de la surveillance et de l'emploi du capital-obliga- « tions.

« Toutes ces dispositions sont aussi applicables à l'émission « des titres étrangers et même à ceux émis par des villes ou « des États. »

La loi que nous avons formulée nous paraît concilier tous les intérêts. Nous maintenons le principe salutaire de la non-intervention de l'État, qui a inspiré la législation sur les sociétés de 1867. Mais nous augmentons aussi la certitude de l'obligataire en stimulant sa propre surveillance.

La banque d'émission, étant personnellement responsable vis-à-vis des obligataires, surveillera consciencieusement le gage des obligataires et l'emploi du capital versé par eux. Une surveillance loyale aura pour effet d'augmenter leur propre influence en gagnant la confiance publique.

Nous verrons bientôt s'établir chez nous les mêmes institutions qu'en Amérique, lesquelles feront disparaître ces banques d'émission dont le but unique est de spéculer un peu trop sur la crédulité et la naïveté publiques, par le moyen des réclames à grand renfort.

La vigilance et la liberté sont la seule loi que nous pouvons offrir aux obligataires. A eux de la faire valoir pour sauvegarder leurs intérêts.

Paris. — Imp. F. Debons et Cie. 16, rue du Croissant.

PARIS. — IMPRIMERIE F. DEBONS ET Cie, 16, RUE DU CROISSANT

www.ingramcontent.com/pod-product-compliance
Ingram Content Group UK Ltd.
Pitfield, Milton Keynes, MK11 3LW, UK
UKHW020233180726
13838UKWH00005B/2357

9 782329 163055